· 青春期自救手

不被定义的幸福

[法]埃玛纽埃尔·德尚（Emmanuelle de Champs）著
[法]阿尔弗雷德（Alfred）绘　时征 译

中信出版集团｜北京

图书在版编目（CIP）数据

青春期自救手册.不被定义的幸福/（法）埃玛纽埃尔·德尚著；（法）阿尔弗雷德绘；时征译.—北京：中信出版社，2023.9（2023.11重印）
ISBN 978-7-5217-5828-3

Ⅰ.①青⋯ Ⅱ.①埃⋯ ②阿⋯ ③时⋯ Ⅲ.①心理健康–健康教育–少儿读物 Ⅳ.① G444-49

中国国家版本馆CIP数据核字（2023）第118144号

Tout pour être heureux? © Gallimard Jeunesse, 2018
Simplified Chinese translation copyright © 2023 by CITIC Press Corporation
ALL RIGHTS RESERVED
本书仅限中国大陆地区发行销售

青春期自救手册·不被定义的幸福

著　　者：[法]埃玛纽埃尔·德尚
绘　　者：[法]阿尔弗雷德
译　　者：时征
出版发行：中信出版集团股份有限公司
　　　　　（北京市朝阳区东三环北路27号嘉铭中心　邮编　100020）
承 印 者：北京瑞禾彩色印刷有限公司

开　　本：787mm×1092mm　1/32　　印　张：1.5　　字　数：20千字
版　　次：2023年9月第1版　　　　　印　次：2023年11月第2次印刷
京权字图：01-2022-3949
书　　号：ISBN 978-7-5217-5828-3
定　　价：13.80元

版权所有·侵权必究
如有印刷、装订问题，本公司负责调换。
服务热线：400-600-8099
投稿邮箱：author@citicpub.com

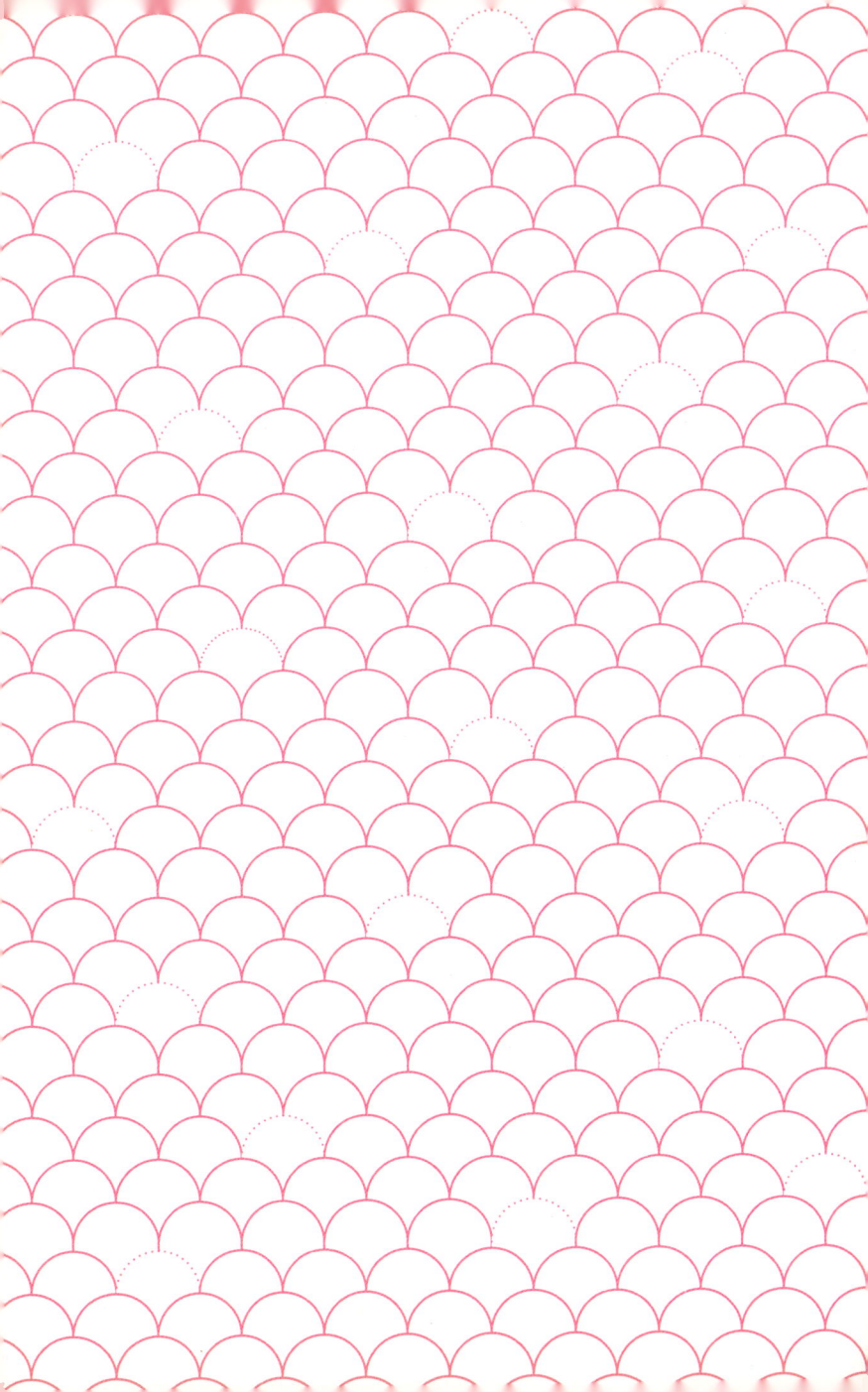

如何获得幸福？

想要获得幸福，并不是一件容易的事。幸福究竟是什么？是突然在这个世界上找到自我价值后产生的转瞬即逝的感受或情绪，还是某种更长久的东西？幸福的时光又是怎样的呢？仅仅是我们体会到幸福的那一瞬间吗？还是也包含了对多彩童年的回忆以及对美好未来的希冀？

我感到幸福吗？我的回答有时是肯定的，有时是否定的。但无论答案是什么，都不代表我会永远幸福或永远不幸福。昨天让我感到幸福的事，明天会不会仍然带给我幸福？一段幸福的回忆，会不会在日后以一种幻觉的形式痛苦地呈现在我面前？德国哲学家**伊曼努尔·康德**写道："尽管每个人都渴望得到幸福，但没有人能够准确而流利地说出他真正渴望什么和需要什么。"

让我们感到幸福的东西是

> "让我们感到幸福的东西是神秘而私密的。"

神秘而私密的。既然如此,又怎能指望别人来找到它呢?宗教向我们承诺,我们能够在今生或来世获得幸福;报纸、小说、电影和电视连续剧将幸福的影像注入我们的梦想之中;广告商一直在宣扬,购物能带给我们幸福;而政治家则努力让我们相信,我们可以通过手中的选票为自己带来幸福。我们总是彼此祝福"幸福快乐",但幸福之匙又在谁手中呢?

在不同的语言中,幸福有不同的表达方式。在古法语中,heur的意思是机会、运气。因此,bon-heur(好的运气)和mal-heur(坏的运气)是相对的概念。对被视为西方哲学之祖的希腊人来说,eudaimon(幸福)意味着"受到众神的祝福",但这个词还拥有过上美好生活的内在含义。在拉丁语中有两个词可以表达这个含义:beatitudo(至福)更抽象而崇高,felicitas(幸福安康)则更朴实而接地气。在德语中Glück,既表示幸福,也表示幸运。英语中表示幸福的词happy源自

happ，意思是机会、偶然发生的事情。上面提到的两种语言也像拉丁语一样，区分了精神幸福与物质及社会幸福，在德语中两者分别是 Seligkeit 和 Wohlfahrt，而在英语中则是 bliss 和 welfare。

词语的使用也随着时间的推移而发生着变化。现代英语中也出现了一些新的词汇。这些词往往看上去没那么诗意，与宗教中所阐述的幸福观念也相去甚远，它们所表达的更多是一种心理或精神层面的意义，比如 well-being（福利、福祉）或 wellness（身体和头脑都感觉良好）。用来描述幸福的词语有很多，那么这是否意味着获得幸福的方法也会是多种多样的呢？

快乐不等于幸福吗？

我们总是会混淆快乐和幸福。虽然它们之间存在着联系，却并不是一回事。

快乐是一种愉悦舒适的感觉，是一种使我们

的感官获得享受的印象，是体现在味觉、视觉、触觉、听觉、嗅觉上的愉悦。而幸福则涉及我们的全部，这不仅包括身体，还包括精神。简而言之，满足感不足以使我们获得幸福。

快乐很难保持下去，因为感官总是喜新厌旧的。当我们吃得太多时，即使是最好的甜点也不

太合胃口；当我们一遍又一遍欣赏最壮丽的日落或聆听最美妙的音乐时，也可能会感到无聊。而幸福维系的时间则更长久，因为它并不仅仅局限于对愉悦感觉的永不满足的长期追求，所以也就不会面临慢慢消耗殆尽的危险。

快乐是专属于个人的。每个人所喜爱的口味

和色彩都不一样。我个人的喜好与其他人无关。而幸福则恰恰相反,它需要我与周围的人建立和谐的关系,它存在于人与人的相互关系之中,而不是只要我自己称心如意就行。

然而,幸福和快乐之间从来都不是泾渭分明的。短暂的幸福难道不是快乐吗?如果我们放弃所有快乐,又怎能感受到幸福呢?

大脑是如何让我们快乐的?

我们的大脑能非常清楚地辨认出能给我们带来快乐的东西。比如,吃、喝、呼吸等生存所必需的行为都能带给我们快乐。但这些并不是全部,像友谊、财富、社会地位这样的很难掌控的事物,也同样能够激活大脑中的"奖励回路",使我们产生愉悦的感觉。有时,我们甚至只要自以为富有、出名或受人爱慕,就足以让自己开心不已了。大自然将对我们有用的东西和令我们愉快的东西结合在一起，这可不仅仅是保障了我们的基本生存。爱和友谊能使社会变得更加稳固，而雄心壮志也会推动社会不断进步，不是吗？

我们很难搞明白自己的大脑究竟在想什么！但是大脑成像和分子生物学的进步让研究人员能够更好地了解大脑的工作模式。我们的感官将信息传递给它，从而激发我们的特定情绪，这些情绪未必都是令人愉悦的，这其中不仅包括快乐、幸福、自信，也包括痛苦、恐惧和焦虑。

> 大脑产生的很多物质都与快乐和幸福有关……

大脑产生的很多物质都与快乐和幸福有关，比如内啡肽和脑啡肽。它们促使运动员定期训练，并通过克服痛苦来提高水平。刚刚结束运动的慢跑者对这种感觉很熟悉，这其中混合了疲惫、狂喜，以及那种近乎上瘾、想在接下来的日子里继续跑下去的欲望。

在这个制造快乐的小小工厂之中，也少不了

激素的身影。比如催产素就是其中一种,它在分娩、母乳喂养和爱抚中都扮演着至关重要的核心角色!它唤醒了一个人与另一个人(可能是爱人或孩子)的情感联系。简而言之,快乐既存在于身体之中,也存在于头脑之中。

我们的沮丧和快乐或多或少是一个化学问题。负责调节我们情绪的是血清素(5-羟色胺)。当我们坠入爱河或应对一系列社会关系时,大脑中都会产生这种物质。我们的肠道,血清素的主要生产者,也知道如何调节我们的情绪:当我们感到饥饿时，我们很快就会感到生气！

在哈利·波特的世界里，摄魂怪是一种邪恶的生物，这种生物剥夺了受害者的所有快乐，让他们看到黑暗的生活，并让他们感觉浑身冰冷，以至于死亡似乎变成了唯一的出路。

而在现实世界中，与之相对应的就是抑郁症。血清素的缺乏令我们无法承受持久的悲伤，而长时间的悲伤也会导致血清素匮乏。造成这种情况的原因有很多，但经常是大脑化学物质失衡所致，而在某些情况下，这种失衡可以被治愈。

那么，增加大脑中这些物质的含量是否就能找到幸福呢？并没有那么简单。致瘾产品释放的血清素会产生很强烈的快感，以至于我们的大脑几乎无法控制。然后，此前不断增加的满足感也会不可避免地随之下降。像这样不断追求强烈的人造快乐，会让我们付出成瘾的代价。精神科医生认为，一旦大脑无法摆脱包括鸦片、苯丙胺，甚至香烟、糖或酒精在内的致瘾产品，而这些产

品最终取代了食物、友谊、爱情以及创造或成功的意愿，就意味着人已经上瘾了……

有东西可以让我们一直幸福吗？

神经回路是一个复杂的网络，它会随着活动和需求、性格、教育、我们的习惯或我们经历的事情而发生变化。所以不存在普遍的"幸福分子"。但是科学正在帮助我们了解是什么扰乱了大脑，并设法解决这个问题。我们必须给身体提供它所需要的东西（睡眠、丰富均衡的饮食、体育活动、假期、友谊、爱情、阳光和激励……），以便情绪以一种和谐的方式循环罔替。

> "不存在普遍的'幸福分子'。"

19世纪，英国博物学家**达尔文**在他的自然选择理论中强调了快乐在繁殖和进化中的基本作用。动物进食和繁殖，是为了满足自己的需求并借此获得快乐。但本能促进的是物种的生存，而不是个体的快乐。促使我们去爱和保护我们所爱的人并适应群居生活，比引导我们去寻求眼前的快乐更重要。因此，情感扮演着社会黏合剂的角色。激发愉悦感并促进幸福感不仅是让我们的感官获得满足，更重要的是优化我们与家人、朋友以及整个社会的联系。

此外，快乐并不是我们所需要的唯一情感，也不是生存所必需的唯一情感。挫折和不满会促使我们进一步思考自我成就所需要的各项条件。疼痛和恐惧会提醒我们注意威胁我们的事物。怀念和悲伤会向我们揭示失去的代价。同理心会使我们更接近那些受苦的人，并引导我们去帮助他们。

快乐和幸福是人性的一种体现，我们有可能在与他人交流互动的过程中获得它们。总有人说，幸福是会传染的，难道不就是这个意思吗？一次朋友间的旅行，一场演出，一场音乐会，一场足球比赛，一次开怀大笑，一次成功的挑战，一种

在学校,他们问我长大后的梦想是什么,我回答"是快乐"。他们说我没理解题目,我说是他们不理解生活。

约翰·列侬(英国男歌手)

明显的默契……有时，不需要太多的东西就能让你的脸上重现笑容。

宗教和思想运动如何定义幸福？

在西方世界，基督教早就给出了对幸福的定义：这是天人之间的事情，人类必须经过"流泪谷"的洗礼才能走向天堂，以便在死后能拥有更好的生活。教会严格控制着感官的享受，理想中的圣洁生活是一种禁欲的苦行生活，人们必须抵得住诱惑才能更好地找到神圣的幸福，并打开永恒之门。

不过在18世纪的启蒙运动时期，每个人随时随地都在思考着幸福的意义。**伏尔泰**写道："我们的生活并不像某些人要我们相信的那样不幸。把宇宙看作牢狱，把所有人看作马上要受死刑的罪犯，这是狂热信徒的观念。相信世界是福地乐土，认为所有人都应该只享受快乐，这是享乐派

的梦想。"对伏尔泰来说，一个把寻求享受生活作为首要目标的庸人，并不比一个拒绝一切享乐的人更好。

因此，我们必须避开两个陷阱：谴责人类在地球上的不幸，以及美化虚荣的肉体享乐。伏尔泰鼓励我们享受生活，并在日常生活中寻找实现幸福的各项条件。他不认同那些认为幸福只属于上帝或天堂从而拒绝它的人。如果上帝是良善的，他是否会赋予他的受造物[1]体验快乐的生理能力，却又拒绝他们在活着的时候享受快乐呢？

启蒙运动肯定了幸福是可及的，并赋予了它新的意义。幸福不再是绝对的、持久的和无限的完美，而是一连串相对的时刻，我们只需要在它们出现时将它们收集起来。狄德罗写道："大自然给了我们每个人专属于自己的幸福法则。"

启蒙运动的哲学家们将幸福从宗教中剥离出

---

[1] 受造物，专有名词，泛指上帝所创造的一切。——译者注

来，并提出了一个关键的问题：如果我们都注定要获得幸福，为什么会有痛苦、战争、灾难和暴力？为什么会有仇恨？为什么会出现所有这些属于大众或个人的悲剧？这也是伏尔泰写《老实人》一书的出发点。书中的主人公"老实人"异常天真地想要说服自己"在世界上的一切是尽善尽美的"，而最可怕的不幸却降临在他和他的朋友头上：战争、谋杀、苦难、流放、地震……最后，"老实人"在"耕耘他的花园"的过程中变得幸福，他不再问自己那些大而空的问题，也不再追求那些与他相去甚远的闪闪发光的幸福，转而去享受一个园丁所拥有的简单快乐。不过，这个故事的寓意并不清晰，在"老实人"收获幸福的那一刻，故事戛然而止（幸福没有了下文），而读者的快乐也同样戛然而止，他们所感同身受的，只是书中所描绘的所有那些不幸经历！耕耘自己的花园，真的代表幸福吗？伏尔泰本人对此也是半信

"耕耘自己的花园，真的代表幸福吗？"

我们应该努力去获得幸福快乐，哪怕只是为了树立榜样。

雅克·普莱维尔（法国诗人）

半疑。和他同一时代的其他哲学家则赋予了这个结论更深刻的意义。在《一个孤独的散步者的梦》中，**卢梭**将我们所珍视的个人记忆描绘成了幸福的根本所在。文学作品通过唤醒消失的过去，来构筑抵御世间不幸的唯一堡垒。

革命运动会带来幸福吗？

在卢梭看来，个人的快乐也取决于所有人生活条件的改善。无法自由享受的幸福是不可能存在的。人民在忍受贫苦或遭遇暴政或专制统治压迫时就无法感受到幸福。

> 无法自由享受的幸福是不可能存在的。

但是，哪种政治制度能让人们更幸福呢？这场重要的辩论贯穿了整个18世纪。

英国的美洲各殖民地发生了革命，1776年7月4日，它们的代表在《独立宣言》中宣称："人人生而平等，造物主赋予他们若干不可剥夺的权利,其中包括生存权、自由权和追求幸福的权利。"美利坚合众国的奠基者们、欧洲哲学论著的读者们及创作这些哲学著作的作家们（如**托马斯·杰斐逊**）都主张美国公民拥有自我管理的权利，拒绝被专制的殖民政府统治。他们希望建立一个有利于个人发展的、由公民自己做决定的社会。

没过多少年，法国也发生了革命。革命者决定废除旧制度、国王的绝对权力和社会三个等级之间的不平等。1789年，《人权宣言》将"维护宪法和所有人的幸福"确立为最高目标。1793年，在路易十六被处决后，"社会的目标是共同的幸福"被写入法律（并且成为《宪法》第一条）。这不再是结束暴政和建立新政治机构的问题，而是要赋予国家对抗个人不幸的手段：向穷人以及因年老或疾病而失去收入的人提供帮助，确保所有儿童都能够接受教育。仅仅颁布有关幸福权的法令是不够的，要切实改善所有人的日常生活才行。

但是，在美国，经济利益很快限制了有关幸

福和自由的伟大宣言的范围：尽管成立了独立国家，但黑人奴隶仍然在近一个世纪的时间里没有获得应有的权利。在法国，大革命废除了殖民地的奴隶制，但它在不久之后就又被恢复了。幸福权很快就成为一种威胁和恫吓的工具。在恐怖时期[2]，尽管被处决的人越来越多，但革命者还是以争取幸福权为名义号召人们拿起武器。在向欧洲君主制国家宣战时，**罗伯斯庇尔**的支持者、革命家**圣茹斯特**对公民说："让欧洲知道，你们不得让恶棍或压迫者再出现在法国领土上；愿这个榜样在地球上开花结果；愿它能弘扬对美德和幸福的热爱！在欧洲，幸福是一个全新的概念。"以幸福的名义发动战争？圣茹斯特对此坚定不移：革命的敌人必须在流血的战争中被消灭。但是，对幸福的追求是否足以证明使用暴力（哪怕是暂时的）也是合理的？为了实现一个更公正、更幸

---

2 恐怖时期，法国大革命中的一个特定历史时期的名字。——译者注

福的社会,一切手段都是好的吗?

如何创造更幸福的社会?

经历了19世纪的革命动荡之后,世界也出现了新的变化。随着工业的发展,新的不平等出现了,贫富差距也日趋严重。当初承诺给人们的幸福还剩下什么呢?

对于19世纪30年代在欧洲诞生的社会主义

来说，消灭资产阶级对工人的剥削，世界才会变得更加平等和幸福。所有人的生活条件将通过合作和互助而得到改善。于是，法国哲学家、空想社会主义者<u>夏尔·傅立叶</u>设想出了一个平等的社会，在这里，居民们被称为"和谐派"，他们共同生活和工作。工厂的运作方式必须大大改变，工人和老板之间的差别必须消除，工作不应再是痛苦和奴役的根源，而应是实现自我价值的手段。在法国、阿尔及利亚（当时为法属殖民地）和北

美地区诞生了好几个"傅立叶主义"团体。但这些实验大部分都因为遭遇到其他工厂的竞争和冲突破坏而失败了。但这并没有妨碍以合作互助为基础的工人运动的发展。

早在文艺复兴时期,英国哲学家、空想社会主义者**托马斯·莫尔**就曾设想过一个由"最好的政府"统治的岛屿,那里的政治制度、杜绝私有财产的经济制度以及工作组织方式能为所有人带来幸福和富足。不过这个岛的名字——乌托邦（Utopia）,在希腊语中却有着双重含义：eu-topos,是指幸福的地方；而 u-topos,则是指不存在的

地方。这样看来，在这个世界上并不存在幸福，那我们是否还有必要去尝试改变世界呢？

金钱能带来幸福吗？

到了21世纪，关于幸福的承诺从未如此强烈。我们所处的自由社会应该给予每个人致富和改善自身生活状况的自由。

从表面上看，每个人都有权利自己做出决定：每个人都能自由地拥有、交换、增加自己的财富，选择自己认为最好和最舒服的生活方式。

自由经济学的基础观点认为，每个人在从事经济活动时都会去追求对自己最有价值的东西，那就是金钱。他们通过工作赚取它，并按照自己认为合适的方式消费，这为他们带来了生活必需品以及改善生活的非必需产品。可是，如果金钱是决定性因素，那么随着经济不平等的加剧，不幸是不是也在增加？

在经济学家看来，金钱明显能带来幸福（而贫穷则会带来不幸）。然而，金钱和幸福之间的关系远没有这么简单。首先，一个人可以很富有但并不幸福，就像他也可以贫穷却感觉幸福一样。同样金额的钱，对每个人的价值并不相同。同样是在圣诞节收到1000欧元，百万富翁就不会像赚取最低工资的人那样高兴。人们有时会或多或少地向我们透露一个真相："金钱不会让你幸福。"阿诺德·施瓦辛格在1995年就说过这样的话，他还具体解释道："我如今有5000万美元，但当我有4800万美元的时候，我照样那么愉快。"可是到了2017年，当他的财富预估超过3亿美元的时候，情况还是如此吗？

但金钱也会创造习惯和需求，并催生出新的欲望。我们的欲望取决于我们的环境、我们居住的地区、我们拿来相互比较的朋友以及我们希望成为的人。通常来说，

> 金钱也会创造习惯和需求，并催生出新的欲望。

拥有相同的物品、穿着相同风格的服装，标志着我们属于同一个群体。"我必须拥有它！因为所有人都有。"谁不曾有过这样的想法呢？根据所处环境、生活方式、年龄和社会背景的不同，这个我们想要拥有的东西可能是某部手机、某款包、某台电脑、某个文凭、某辆汽车……名单是无穷无尽的，我们所处的消费社会还会让这个名单不断更新，即使这可能要冒助长侵占和暴力的风险。

然而，如今的社会变得比以前更自由了，金钱也不再占主导地位，我们得以在生活中发挥自己的想象力和创造力，而不一定非要通过消费的方式来实现自己，使自己与众不同。每个人都可以选择自己的着装风格、身份或生活方式，这开启了自由和满足的新形式。

在1932年出版的《美丽新世界》中，**奥尔德斯·赫胥黎**描绘了一个幸福的社会：一个不再有任何观念和理想的软性独裁政权。不平等现象并没有消失，但人们从出生那一刻起就拥有了令

自己满意的命运,他们的所有欲望都能够立即得到满足。所有人都可以消费,医学进步使疾病、衰老和身体痛苦消失。爱情和家庭不再是悲伤的原因。官方会大量提供一种叫索玛的药物,它可以让人忘记所有的烦恼。这里的自由,只是享受不同快乐的自由。如今,赫胥黎的设想丝毫也没有失去它的吸引力,然而我们真的想生活在这样的社会之中吗?

幸福指数报告真的能反映我们的幸福感吗?

自第二次世界大战以来,大多数欧洲国家都建立了所谓的福利系统,他们为居民提供了保险,来帮他们应对严重事故对生活的影响。得益于来自企业和雇员的贡献和税收,国家设定了可以让每个人摆脱贫困的最低收入,在失业和疾病期间为人们提供补偿,并对医院和学校提供资助……与此同时,生活方式也发生了深刻的变化,社

> 社会变得更加自由和多样化。但这真的能让每个人更幸福吗?

会变得更加自由和多样化。但这真的能让每个人更幸福吗?是否有可能对其进行衡量和评估呢?

这正是联合国自 2012 年以来一直在努力做的事情,委托经济学家、心理学家和统计学家编写《全球幸福指数报告》,来衡量全球 150 多个国家居民的满意度。这份报告所参考的标准共有六个:人均 GDP、健康预期寿命、社会保障的质量、对国家机构的信任度、人生抉择自由及社会的慷慨及互助程度。在 2014—2016 年,最"幸福"的国家是挪威、丹麦、冰岛和瑞士。名列前茅的几个北欧国家都是教育和医疗质量都非常高的富裕国家,这也证实了国家财富和政府社会角色的双重重要性。最不"幸福"的国家则是那些最贫穷和最危险的国家,包括撒哈拉以南非洲的国家,以及阿富汗(第 141 位)和叙利亚(第 152 位)等处于战争中的国家。法国的全球排名为第31位，远远落后于北欧国家，但远远超过葡萄牙和希腊这两个遭受经济危机重创的国家。

这份报告还为我们展示了自2012年以来幸福感的变化趋势，以及每个国家内不同群体（年龄、性别、社会职业类别、地区）的不同感受。如果老一辈人说他们对在老龄化国家的生活感到满意，这往往是以牺牲年轻人为代价的，法国就是这样。幸福是昂贵的，尤其在人口老龄化日益严重但社会保障资金增长后劲不足的情况下。

但这样的参考标准就足够了吗？难道不能包括其他标准吗？比如环境质量如何，是否存在非商品交换形式，是否开展了足够的文化与休闲活动，等等。要想创造一个更幸福的社会，政府必须关注所有人的需求，同时包括所有协会和民间组织在内的所有人也要共同努力才行。

幸福真的无处不在吗？

幸福的画面无处不在。在各种屏幕上，人们都很快乐满足，运动员们也容光焕发，大家的情绪都很饱满激昂。在社交网络上，我们的"朋友们"在很酷的派对上或是在天堂般的度假风景前微笑着。这是人们在网上晒出来的幸福。但在屏幕之外，他们到底经历了什么呢？

> 这是人们在网上晒出来的幸福。但在屏幕之外，他们到底经历了什么呢？

不必担心！如果我们想要通过避开不幸的方式来获取幸福，有许多专家能为我们提供解决方案！各种个人发展方法向我们兜售那些成长与成功的秘诀。冥想让我们跟自己的身体以及整个世界和解。心理治疗也会"疏通"在我们心中可能成为幸福障碍的东西。有各种生活技巧，各种保持身心健康的方法，幸福看起来从未像现在这样有保障，也从未像现在这样触手可及。

在这一切中,哲学又会发挥怎样的作用呢?它是否会将所有这些建议都视为欺骗并拒绝接受呢?那可不一定。冥想能教会我们开发大脑的能力,并帮助我们感受快乐和幸福。正如我们所看到的,健康的生活方式更有助于我们感受幸福。精神分析学创始人**弗洛伊德**认为,有时需要通过心理治疗来给自己留一些空间,从而调整我们的行为和期望,解决痛苦的家庭状况,将疾病和残疾所带来的绝望转化为"普通的不幸"。所有这些技巧都有一个共同点:它们让我们注意到这样一个事实,即幸福不取决于积累、消费或占有,而是取决于一种生存方式,取决于我们与他人以及世界的关系。家长的耐心陪伴和积极鼓励在孩子的心智发展中发挥着至关重要的作用。给予孩子自信,让他们能够通过合作而不是竞争来取得成功,从而为更和谐的生活创造条件。

　　尽管想要减少自己的不幸是合情合理的,可是我们真的能够彻底摆脱它吗?而且,我们一定要这么做吗？并不是每个人都渴望幸福、平静的生活。焦虑能促使一些人超越自己，而另一些人会在忧郁中找到有利于艺术创作的敏感性。愤怒和反抗则成为那些想要改变世界的人的动力。所谓幸福，也可能意味着知道如何处理自己的不幸。

> **所谓幸福，也可能意味着知道如何处理自己的不幸。**

什么样的生活才能带给我们幸福？

这种对某种生活伦理的回归，也可能正是人们对古希腊哲学重新产生兴趣的原因。因为古代思想家们认为幸福的状态与"美好生活"密不可分。早在公元前300多年的时候，**伊壁鸠鲁**就告诉他的年轻弟子**美诺西斯**："哲学是一种通过讨论和推理的方式带给我们幸福生活的活动。"但要如何去做呢？

伊壁鸠鲁认为，善，即不动心：不受外界干

幸福可以追溯到远古时代。但它仍然是个全新的事物，因为很少有人能得到它。

欧仁·尤奈斯库（罗马尼亚剧作家）

扰，远离无用的躁动和感官的兴奋。伊壁鸠鲁的智慧可以用下面这四句话来概括：众神并不可怕；死亡也不可怕；人可以获得幸福；人可以抑制痛苦。因此，我们必须训练自己尽可能不受忧虑、痛苦和恐惧的影响，并享受生活带来的乐趣。不过，想要达到这种平衡非常困难，只有最聪明的人才能做到。

至于**苏格拉底**，根据**柏拉图**的记载，他认为真正的幸福只有在灵魂与肉体分离的来世才能实现。但是，我们必须放弃人世间的幸福吗？并非如此，与生俱来的人性，注定了我们忍不住要去追寻幸福。智慧和美德能够让我们在寻找幸福的路上远离财富和名气这样的虚假快乐。哲学帮我们将有价值和无价值的事物区分开，鼓励我们按照自己的想法来安排生活。

在柏拉图看来，幸福似乎很难实现。但亚里士多德却认为可以把幸福具体化（房子、家庭、健康、成功……）。如果追求幸福是一切人类生活必须努力的目标,那么在这个过程中就离不开工作。生活的艺术是一种必须同时调动我们的身体和思想的活动。而正是在"沉思"(即对我们自己和世界的深刻哲学反思)中,才会实现思想和行动之间的这种微妙平衡。"一个人越拥有沉思的能力,他就越幸福。幸福不是偶然的,而是源于沉思。沉思本身具有很大的价值。因此,幸福只是沉思的一种形式。"

实现自我会更幸福吗?

古希腊人很重视"美好的生活",在这种生活中,人们都保持着良好的行为并努力变得更"人性化",这种重视在今天仍然会引起共鸣。即使处在各种广告和时尚的诱惑之下,我们仍愿意相信幸福不在于拥有,而在于实现自我的能力。尽管我们的愿景更加个人

"
幸福不在于拥有,而在于实现自我的能力。
"

化，但我们仍认为成功的生活是充分发挥了自己的才能。如果我的"人生计划"是好的，并能让我蓬勃发展，我就会感到幸福，在别人眼中也是如此。

在这条路上，我可能会遇到障碍、遭受挫折（事故、疾病、失败……）、走弯路，甚至永远无法实现自己的目标。但是，当我走到生命尽头的时候，如果认为自己的能力和天赋都得到了发展，并拓展了新的能力，那么这一切就是美好和幸福的，就是有意义的。

这也是一种合乎道德的愿景。只不过这个愿景不是宗教强加给我们的，而是我们自己赋予自己的。但这种美德的要求丝毫不亚于前几代人所遵守的严苛规矩。它一方面需要人充分地了解自己，努力使自己的生活获得成功，另一方面又要对出现的事物保持开放态度，抓住机会，并在适当的时候调动自己的能力，这就是古希腊人所谓的"好时机"。

我们需要完美的幸福吗？

美国哲学家**罗伯特·诺齐克**提出了下面的问题：如果有一台机器可以人为地创造完美、持久、没有副作用的幸福，我们会买它吗？他的答案是：不会。人们既不会为自己购买，也不会给身边的亲人购买。然而，幸福不就是每个人的目标和整个社会的愿景吗？这个悖论是无法解决的，我们都渴望幸福，但完美的幸福本身似乎并不那么令人向往。因此，它既合乎我们的愿望，又不合乎我们的愿望。幸福不可或缺，同时又永远不够。因为它与欲望有关，而欲望源于缺乏。它只存在于令我们始终渴望却只能暂时得到满足的行为之中。在人类内心深处，对幸福的渴望，就像走路的动作一样，是一种永久的不平衡，但正是它让我们一路向前。